MP3 다운로드 방법

컴퓨터에서

- 네이버 블로그 주소창에 **www.lancom.co.kr** 입력 또는
  네이버 블로그 검색창에 **랭컴**을 입력하신 후 다운로드

- **www.webhard.co.kr**에서 직접 다운로드
  아이디   : lancombook
  패스워드 : lancombook

스마트폰에서

콜롬북스 앱을 통해서 본문 전체가 녹음된
MP3 파일을 **무료**로 **다운로드**할 수 있습니다.

- 구글플레이 · 앱스토어에서 **콜롬북스 앱** 다운로드 및 설치
- 회원 가입 없이 원하는 도서명을 검색 후 **MP3 다운로드**
- 회원 가입 시 더 다양한 **콜롬북스** 서비스 이용 가능

원하시는 책을
바로 구매할 수
있습니다.

전체 파일을
한 번에 저장할
수 있습니다.

▶ mp3 다운로드
www.lancom.co.kr에 접속하여 **mp3**파일을 무료로 다운로드합니다.

▶ 우리말과 원어민의 1 : 1 녹음
책 없이도 공부할 수 있도록 원어민 남녀가 자연스런 속도로 번갈아가며 영어 문장을 녹음하였습니다. 우리말 한 문장마다 원어민 남녀 성우가 각각 1번씩 읽어주기 때문에 한 문장을 두 번씩 듣는 효과가 있습니다.

▶ mp3 반복 청취
교재를 공부한 후에 녹음을 반복해서 청취하셔도 좋고, 원어민의 녹음을 먼저 듣고 잘 이해할 수 없는 부분은 교재로 확인해보는 방법으로 공부하셔도 좋습니다. 어떤 방법이든 자신에게 잘 맞는다고 생각되는 방법으로 꼼꼼하게 공부하십시오. 보다 자신 있게 영어를 할수 있게 될 것입니다.

▶ 정확한 발음 익히기
발음을 공부할 때는 반드시 함께 제공되는 mp3 파일을 이용하시기 바랍니다. 언어를 배울때 듣는 것이 중요하다는 것은 두말할 필요가 없습니다. 오랫동안 자주 반복해서 듣는 연습을 하다보면 어느 순간 갑자기 말문이 열리게 되는 것을 경험할 수 있을 것입니다. 의사소통을 잘 하기 위해서는 말을 잘하는 것도 중요하지만 상대가 말하는 것을 정확하게 듣는 것이 더 중요하다고 합니다. 활용도가 높은 기본적인 표현을 가능한 한 많이 암기할 것과, 동시에 원어민이 읽어주는 문장을 지속적으로 꾸준히 듣는 연습을 병행하시기를 권해드립니다. 듣는 연습을 할 때는 실제로 소리를 내어 따라서 말해보는 것이 더욱 효과적입니다.

이렇게
말해봐
여행영어

이렇게 말해봐 여행영어

2018년 04월 10일 초판 1쇄 인쇄
2018년 04월 15일 초판 1쇄 발행

지은이 이서영
발행인 손건
편집기획 김상배, 장수경
마케팅 이언영
디자인 이성세
제작 최승용
인쇄 선경프린테크

발행처 *LanCom* 랭컴
주소 서울시 영등포구 영신로38길 17
등록번호 제 312-2006-00060호
전화 02) 2636-0895
팩스 02) 2636-0896
홈페이지 www.lancom.co.kr

ⓒ 랭컴 2018
ISBN 979-11-88112-69-2 13740

이렇게

말해봐

English Conversation

여행
영어

Travel

이서영 지음

LanCom
Language & Communication

영어회화를 위한 4단계 공부법

읽기 듣기 말하기 쓰기 4단계 영어 공부법은 가장 효과적이라고 알려진 비법 중의 비법입니다. 아무리 해도 늘지 않던 영어 공부, 이제 읽듣말쓰 4단계 공부법으로 팔 걷어붙이고 달려들어 봅시다!

읽기

왕초보라도 문제없이 읽을 수 있도록 원어민 발음과 최대한 비슷하게 우리말로 발음을 달아 놓았습니다. 우리말 해석과 영어 표현을 눈으로 확인하며 읽어보세요.

✔ check point!

- 같은 상황에서 쓸 수 있는 6개의 표현을 확인한다.
- 우리말 해석을 보면서 영어 표현을 소리 내어 읽는다.

듣기

책 없이도 공부할 수 있도록 우리말 해석과 영어 문장이 함께 녹음되어 있습니다. 출퇴근 길, 이동하는 도중, 기다리는 시간 등, 아까운 자투리 시간을 100% 활용해 보세요. 듣기만 해도 공부가 됩니다.

✔ check point!

- 우리말 해석과 원어민 발음을 서로 연관시키면서 듣는다.
- 원어민 발음이 들릴 때까지 반복해서 듣는다.

쓰기

영어 공부의 완성은 쓰기! 손으로 쓰면 우리의 두뇌가 훨씬 더 확실

하게, 오래 기억한다고 합니다. 각 유닛의 뒤쪽에 마련된 빈칸 채우기에 알맞는 단어를 써넣으면서 공부하다 보면 생각보다 영어 문장이 쉽게 외워진다는 사실에 깜짝 놀라실 거예요.

✔ check point!

- 우리말 뜻을 보고 빈칸에 알맞는 단어를 적어넣는다.
- 원어민의 발음을 들으면서 별도로 준비한 노트에 써본다.
- 표현을 최대한 머릿속에 떠올리면서 쓴다.

말하기

듣기만 해서는 절대로 입이 열리지 않습니다. 원어민 발음을 따라 말해보세요. 계속 듣고 말하다 보면 저절로 발음이 자연스러워집니다.

✔ check point!

- 원어민 발음을 들으면서 최대한 비슷하게 따라 읽는다.
- 우리말 해석을 듣고 mp3를 멈춘 다음, 영어 문장을 떠올려 본다.
- 다시 녹음을 들으면서 맞는지 확인한다.

대화 연습

문장을 아는 것만으로는 충분하지 않습니다. 대화를 통해 문장의 쓰임새와 뉘앙스를 아는 것이 무엇보다 중요하기 때문에 6개의 표현마다 Mini Talk를 하나씩 두었습니다.

✔ check point!

- 대화문을 읽고 내용을 확인한다.
- 대화문 녹음을 듣는다.
- 들릴 때까지 반복해서 듣는다.

이 책의 내용

PART

01

I hope you'll be happy.

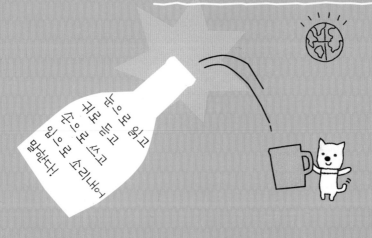

출입국

뉴욕 행 비행기를 예약하고 싶은데요.

I'd like to book a flight to New York.

아이드 라익 투 부커 플라잇 투 뉴욕

예약을 확인하고 싶은데요.

I'd like to confirm my reservation.

아이드 라익 투 컨펌 마이 레저베이션

요금이 얼마죠?

How much is the fare?

하우 머취 이즈 더 페어

더 저렴한 티켓은 있나요?

Is there a cheaper ticket?

이즈 데어러 취퍼 티킷

남은 좌석 있나요?

Are there seats available?

알 데얼 씻츠 어베이러블

직항 있나요?

Is there a non-stop flight?

이즈 데어러 난-스탑 플라잇

다음 문장을 영어로 말할 수 있는지 쓰면서 체크해 보세요.

뉴욕 행 비행기를 예약하고 싶은데요.

- I'd like to book a ▢▢▢▢ to New York.

예약을 확인하고 싶은데요.

- I'd like to ▢▢▢▢ my reservation.

요금이 얼마죠?

- How much is the ▢▢▢ ?

더 저렴한 티켓은 있나요?

- Is there a ▢▢▢ ticket?

남은 좌석 있나요?

- Are there ▢▢▢ available?

직항 있나요?

- Is there a non-stop ▢▢▢ ?

Mini Talk

A: **How much is the fare?**

하우 머취 이즈 더 페어

요금이 얼마죠?

B: **One-way or round trip?**

원-웨이 오어 라운드 트립

편도인가요, 왕복인가요?

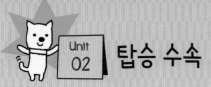

>> 녹음을 듣고 소리내어 읽어볼까요? <<< 듣기 >>>

대한항공 탑승 수속 창구가 어디 있어요?

Where is the Korean Air check-in counter?

웨어리즈 더 코리언 에어 체킨 카운터

언제 탑승해요?

When do we board?

웬 두 위 보드

10번 게이트가 어디예요?

Where is Gate 10?

웨어리즈 게잇 텐

여기서 체크인하나요?

Can I check-in here?

캐나이 체킨 히얼

이 게이트로 어떻게 가죠?

How do I get to this gate?

하우 두 아이 겟 투 디스 게잇

이걸 기내에 가지고 들어갈 수 있어요?

Can I carry this in the cabin?

캐나이 캐리 디스 인 더 캐빈

다음 문장을 영어로 말할 수 있는지 쓰면서 체크해 보세요.

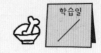

대한항공 탑승 수속 창구가 어디 있어요?

- **Where is the Korean Air** ⬜ ⬜ **?**

언제 탑승해요?

- **When do we** ⬜ **?**

10번 게이트가 어디예요?

- **Where is** ⬜ **10?**

여기서 체크인하나요?

- **Can I** ⬜ **here?**

이 게이트로 어떻게 가죠?

- **How do I get to this** ⬜ **?**

이걸 기내에 가지고 들어갈 수 있어요?

- **Can I** ⬜ **this in the cabin?**

A: **Your passport and ticket, please.**
유얼 패스폿 앤 티킷, 플리즈
여권과 항공권을 주세요.

B: **Here they are.**
히얼 데이 알
여기 있습니다.

여기는 제 자리인데요.

This is my seat.

디시즈 마이 씻

자리를 바꿔도 될까요?

Can I change my seat?

캐나이 체인지 마이 씻

짐을 위로 올려 주세요.

Please put this bag up there.

플리즈 풋 디스 백 업 데얼

입국신고서 한 장만 더 주세요.

Can I get another landing card?

캐나이 겟 어나덜 랜딩 카드

여기에 뭘 써야 하나요?

What should I write here?

왓 슈다이 라잇 히얼

좀 지나가도 될까요?

Excuse me, can I get through?

익스큐즈 미, 캐나이 겟 쓰루

다음 문장을 영어로 말할 수 있는지 쓰면서 체크해 보세요.

여기는 제 자리인데요.

- **This is my** ⬚ .

자리를 바꿔도 될까요?

- **Can I** ⬚ **my seat?**

짐을 위로 올려 주세요.

- **Please** ⬚ **this bag up there.**

입국신고서 한 장만 더 주세요.

- **Can I get another** ⬚ **card?**

여기에 뭘 써야 하나요?

- **What should I** ⬚ **here?**

좀 지나가도 될까요?

- **Excuse me, can I get** ⬚ **?**

Mini Talk

A: **Excuse me. Can I have another blanket?**

익스큐즈 미. 캐나이 햅 어나더 블랭킷

저기요, 담요 한 장 더 주실래요?

B: **Sure. Wait a minute, please.**

슈얼. 웨잇 어 미닛, 플리즈

그럼요. 잠깐만 기다리세요.

>> 녹음을 듣고 소리내어 읽어볼까요? <<< 듣기 >>>

맥주 있어요?

Do you have beer?

두 유 햅 비얼

콜라 주세요.

Coke, please.

콕, 플리즈

식사 시간에 깨워주세요.

Wake me up at mealtime.

웨익 미 업 앳 밀타임

고추장 있어요?

Do you have red pepper paste?

두 유 햅 렛 페퍼 페이슷

물 좀 주세요.

Can you get me some water?

캔 유 겟 미 썸 워러

저녁은 언제 나와요?

When will dinner be served?

웬 윌 디너 비 썹드

맥주 있어요?

● **Do you have** ⬚ **?**

콜라 주세요.

● ⬚ **, please.**

식사 시간에 깨워주세요.

● **Wake me up at** ⬚ **.**

고추장 있어요?

● **Do you have red pepper** ⬚ **?**

물 좀 주세요.

● **Can you get me some** ⬚ **?**

저녁은 언제 나와요?

● **When will** ⬚ **be served?**

💬 **Mini Talk**

A: **Would you like chicken, or beef?**

우쥬 라익 치킨, 오어 비프

치킨 드시겠어요? 아니면 비프로 드시겠어요?

B: **Chicken, please.**

치킨, 플리즈

치킨으로 주세요.

이 공항에 어느 정도 머무나요?

How long will we stop here?

하우 롱 윌 위 스탑 히얼

얼마나 머무나요?

How long is the stopover?

하우 롱 이즈 더 스탑오버

얼마나 기다려야 해요?

How long should I wait?

하우 롱 슈다이 웨잇

어디서 갈아타죠?

Where can I transfer?

웨어 캐나이 트랜스풔

환승 카운터는 어디 있어요?

Where is the transfer counter?

웨어리즈 더 트랜스풔 카운터

수속을 다시 밟아야 하나요?

Do I have to check in again?

두 아이 햅 투 체킨 어겐

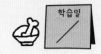

이 공항에 어느 정도 머무나요?

- **How long will we** [   ] **here?**

얼마나 머무나요?

- **How long is the** [   ] **?**

얼마나 기다려야 해요?

- **How long should I** [   ] **?**

어디서 갈아타죠?

- **Where can I** [   ] **?**

환승 카운터는 어디 있어요?

- **Where is the transfer** [   ] **?**

수속을 다시 밟아야 하나요?

- **Do I have to** [   ] **in again?**

Mini Talk

A: **I missed my connecting flight.
What should I do?**

아이 미스트 마이 커넥팅 플라잇. 왓 슈다이 두

연결편을 놓쳤는데; 어떻게 해야 되죠?

B: **We'll put you on the next flight.**

위일 풋 유 온 더 넥슷 플라잇

다음 비행기를 잡아 드리겠습니다.

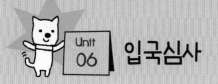

Unit 06 입국심사

>> 녹음을 듣고 소리내어 읽어볼까요? <<< 듣기 >>>

여권 좀 보여 주시겠습니까?

May I see your passport, please?

메아이 씨 유얼 패스폿, 플리즈

여행 목적은 무엇입니까?

What's the purpose of your visit?

왓츠 더 퍼포즈 옵 유얼 비짓

어느 정도 머무십니까?

How long are you going to stay?

하우 롱 알 유 고잉 투 스테이

어디에 머무십니까?

Where are you going to stay?

웨어라 유 고잉 투 스테이

최종 목적지는 어디입니까?

What's your final destination?

왓츠 유얼 파이널 데스터네이션

단체 여행을 하시는 건가요?

Are you traveling in a group?

알 유 트래벌링 인 어 그룹

다음 문장을 영어로 말할 수 있는지 쓰면서 체크해 보세요.

여권 좀 보여 주시겠습니까?

- **May I see your** ⬚ **, please?**

여행 목적은 무엇입니까?

- **What's the** ⬚ **of your visit?**

어느 정도 머무십니까?

- **How long are you going to** ⬚ **?**

어디에 머무십니까?

- ⬚ **are you going to stay?**

최종 목적지는 어디입니까?

- **What's your** ⬚ **destination?**

단체 여행을 하시는 건가요?

- **Are you traveling in a** ⬚ **?**

Mini Talk

A: **What's the purpose of your visit?**

왓츠 더 퍼포즈 옵 유얼 비짓

여행 목적은 무엇입니까?

B: **Sightseeing**

싸잇씽

관광입니다.

수화물은 어디서 찾나요?

Where can I get my baggage?

웨어 캐나이 겟 마이 배기쥐

제 짐이 보이지 않아요.

I can't find my baggage.

아이 캔ㅌ 퐈인 마이 배기쥐

제 여행가방이 여기에 없어요.

My suitcase is not here.

마이 슛케이스 이즈 낫 히얼

제 짐 좀 찾아주시겠어요?

Could you help me to find my baggage?

쿠쥬 핼프 미 투 퐈인 마이 배기쥐

짐 특징을 알려 주시겠어요?

Can you describe your baggage?

캔 유 디스크라입 유얼 배기쥐

제 짐이 파손되었어요.

My baggage was damaged.

마이 배기쥐 워즈 데미쥐드

다음 문장을 영어로 말할 수 있는지 쓰면서 체크해 보세요.

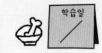

수화물은 어디서 찾나요?
- **Where can I get my** [   ] **?**

제 짐이 보이지 않아요.
- **I can't** [   ] **my baggage.**

제 여행가방이 여기에 없어요.
- **My** [   ] **is not here.**

제 짐 좀 찾아주시겠어요?
- **Could you help me to** [   ] **my baggage?**

짐 특징을 알려 주시겠어요?
- **Can you** [   ] **your baggage?**

제 짐이 파손되었어요.
- **My baggage was** [   ] **.**

 Mini Talk

A: **Let me see your claim tag.**
렛 미 씨 유얼 클램 택
수화물 보관증을 보여 주십시오.

B: **Here it is.**
히얼 잇 이즈
여기 있습니다.

특별히 신고하실 것이 있습니까?

Do you have anything to declare?

두 유 햅 애니씽 투 디클레어

가방을 열어 주십시오.

Open your bag, please.

오픈 유얼 백, 플리즈

이 가방에 무엇이 들어 있습니까?

What do you have in this bag?

왓 두 유 햅 인 디스 백

그건 제 친구에게 줄 선물입니다.

It's a gift for my friend.

잇처 깁트 풔 마이 프랜드

다른 짐은 없습니까?

Do you have any other baggage?

두 유 햅 애니 어덜 배기쥐

좋습니다. 가져도 됩니다.

All right. You may go now.

올 롸잇. 유 메이 고 나우

다음 문장을 영어로 말할 수 있는지 쓰면서 체크해 보세요.

특별히 신고하실 것이 있습니까?

- **Do you have anything to** ⬚ **?**

가방을 열어 주십시오.

- ⬚ **your bag, please.**

이 가방에 무엇이 들어 있습니까?

- **What do you have in this** ⬚ **?**

그건 제 친구에게 줄 선물입니다.

- **It's a** ⬚ **for my friend.**

다른 짐은 없습니까?

- **Do you have any other** ⬚ **?**

좋습니다. 가셔도 됩니다.

- **All right. You** ⬚ **go now.**

Mini Talk

A: **What's this?**
왓츠 디스
이것은 무엇입니까?

B: **It's a personal article.**
잇츠 어 퍼스널 아티클
그건 개인용품입니다.

공항에서 환전을 할 때

>> 녹음을 듣고 소리내어 읽어볼까요? <<< 듣기 >>>

환전소는 어디에 있나요?

Where's the money change?

웨어즈 더 머니 체인쥐

환전 좀 해 주세요.

Exchange, please.

익스체인쥐, 플리즈

이걸 달러로 바꿔 주세요.

Can you change this into dollars?

캔 유 체인쥐 디스 인투 달러즈

환율은 어떻게 되죠?

What's the rate of exchange?

왓츠 더 래잇 옵 익스체인쥐

이 여행자수표를 현금으로 바꾸고 싶은데요.

I'd like to cash these traveler's checks.

아이드 라익 투 캐쉬 디즈 트레벌러즈 첵스

(지폐를 건네며) 이걸 잔돈으로 바꿔 주시겠어요?

May I have some change?

메아이 햅 썸 체인쥐

다음 문장을 영어로 말할 수 있는지 쓰면서 체크해 보세요.

환전소는 어디에 있나요?
- **Where's the money** _____ **?**

환전 좀 해 주세요.
- _____ **, please.**

이걸 달러로 바꿔 주세요.
- **Can you change this into** _____ **?**

환율은 어떻게 되죠?
- **What's the** _____ **of exchange?**

이 여행자수표를 현금으로 바꾸고 싶은데요.
- **I'd like to** _____ **these traveler's checks.**

(지폐를 건네며) 이걸 잔돈으로 바꿔 주시겠어요?
- **May I have some** _____ **?**

A: **Where can I exchange money?**
웨얼 캐나이 익스체인쥐 머니
환전은 어디서 하나요?

B: **Go to "Currency Exchange."**
고 투 "커런시 익스체인쥐"
'환전'이라고 표시된 곳으로 가세요.

관광안내소는 어디에 있나요?

Where's the tourist information center?

웨어즈 더 투어리숫 인풔메이션 센터

실례합니다. 시내지도 한 장 얻고 싶은데요.

Excuse me. I'd like to get a city map, please.

익스큐즈 미. 아이드 라익 투 게러 씨티 맵, 플리즈

시내로 들어가는 공항버스는 있나요?

Is there an airport bus to the city?

이즈 데어런 에어풋 버스 투 더 씨티

시내까지 택시비는 얼마 정도입니까?

How much does it cost to the city center by taxi?

하우 머취 더짓 코슷 투 더 씨티 센터 바이 택시

여기서 호텔 예약을 할 수 있나요?

Can I reserve a hotel here?

캐나이 리저버 호텔 히얼

시내 호텔을 예약해 주시겠어요?

Could you reserve a hotel in the city?

쿠쥬 리저버 호텔 인 더 씨티

다음 문장을 영어로 말할 수 있는지 쓰면서 체크해 보세요.

관광안내소는 어디에 있나요?

- **Where's the [ ] information center?**

실례합니다. 시내지도 한 장 얻고 싶은데요.

- **Excuse me. I'd like to get a city [ ], please.**

시내로 들어가는 공항버스는 있나요?

- **Is there an [ ] bus to the city?**

시내까지 택시비는 얼마 정도입니까?

- **How much does it [ ] to the city center by taxi?**

여기서 호텔 예약을 할 수 있나요?

- **Can I [ ] a hotel here?**

시내 호텔을 예약해 주시겠어요?

- **Could you reserve a hotel in the [ ]?**

A: **Excuse me. I'd like to get a city map, please.**
익스큐즈 미. 아이드 라익 투 게러 씨티 맵, 플리즈
실례합니다. 시내지도 한 장 얻고 싶습니다.

B: **Yes, here it is.**
예스, 히얼 잇 이즈
네, 여기 있습니다.

PART

02

I hope you'll be happy.

숙박

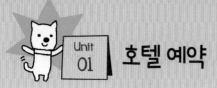

호텔 예약

>> 녹음을 듣고 소리내어 읽어볼까요? <<< 듣기 >>>

오늘 밤 호텔을 예약하고 싶은데요.

I'd like to reserve a hotel room for tonight.

아이드 라익 투 리저버 호텔 룸 풔 투나잇

얼마나 머무실 겁니까?

How long will you be staying?

하우 롱 윌 유 비 스테잉

1박에 얼마인가요?

How much for a night?

하우 머취 풔러 나잇

아침식사는 포함된 건가요?

Is breakfast included?

이즈 브랙퍼슷 인클루딧

예약을 취소하고 싶은데요.

I'd like to cancel my reservation.

아이드 라익 투 캔슬 마이 레져베이션

예약을 변경하고 싶은데요.

I'd like to change my reservation.

아이드 라익 투 체인쥐 마이 레져베이션

다음 문장을 영어로 말할 수 있는지 쓰면서 체크해 보세요.

오늘 밤 호텔을 예약하고 싶은데요.

- I'd like to [   ] a hotel room for tonight.

얼마나 머무실 겁니까?

- How long will you be [   ]?

1박에 얼마인가요?

- How much for a [   ]?

아침식사는 포함된 건가요?

- Is [   ] included?

예약을 취소하고 싶은데요.

- I'd like to [   ] my reservation.

예약을 변경하고 싶은데요.

- I'd like to [   ] my reservation.

 Mini Talk

A: **What kind of room are you looking for?**

왓 카인돕 룸 알 유 룩킹 풔

어떤 방을 원하십니까?

B: **I'd like a single room with bath.**

아이드 라이커 싱글 룸 윗 배쓰

욕실이 딸린 싱글 룸으로 주세요.

체크인하고 싶은데요.

I'd like to check in.

아이드 라익 투 체킨

성함을 말씀해 주시겠어요?

May I have your name?

메아이 햅 유얼 네임

이 숙박 카드에 기입해 주십시오.

Please fill in the registration card.

플리즈 필 인 더 레쥐스트레이션 카드

죄송하지만, 손님은 예약이 안 되어 있습니다.

I'm afraid I can't find your reservation.

아임 어프레이드 아이 캔ㅌ 파인드 유얼 레저베이션

방 좀 보여 주실래요?

May I see the room?

메아이 씨 더 룸

방을 바꿔 주시겠어요?

Could you please change my room?

쿠쥬 플리즈 체인쥐 마이 룸

다음 문장을 영어로 말할 수 있는지 쓰면서 체크해 보세요.

체크인하고 싶은데요.
- I'd like to _____ in.

성함을 말씀해 주시겠어요?
- May I have your _____?

숙박 카드에 기입해 주십시오.
- Please _____ in the registration card.

죄송하지만, 손님은 예약이 안 되어 있습니다.
- I'm afraid I can't find your _____.

방 좀 보여 주실래요?
- May I _____ the room?

방을 바꿔 주시겠어요?
- Could you please _____ my room?

 Mini Talk

A: **Do you have a reservation?**
두 유 해버 레저베이션
예약을 하셨습니까?

B: **Yes. I have a reservation for Mr. Kim.**
예스. 아이 해버 레저베이션 풔 미스터 킴
네, '김'이라는 이름으로 예약을 했는데요.

예약을 안 했는데요.

I don't have a reservation.

아이 돈ㅌ 해버 레저베이션

죄송합니다만, 지금은 방이 다 찼습니다.

I'm afraid we're all filled up now.

아임 어프레이드 위아 올 필덥 나우

어떤 방을 원하십니까?

What kind of room would you like?

왓 카인돕 룸 우쥬 라익

싱글 룸으로 드릴까요, 더블 룸으로 드릴까요?

A single room, or a double room?

어 싱글 룸, 오어러 더블 룸

전망이 좋은 방으로 주세요.

I need a room commanding a good view.

아이 니더 룸 컴맨딩 어 굿 뷰

다른 호텔을 알아봐 주시겠어요?

Would you refer me to another hotel?

우쥬 리풔 미 투 어나더 호텔

다음 문장을 영어로 말할 수 있는지 쓰면서 체크해 보세요.

예약을 안 했는데요.

- I don't have a _____ .

죄송합니다만, 지금은 방이 다 찼습니다.

- I'm afraid we're all _____ up now.

어떤 방을 원하십니까?

- What _____ of room would you like?

싱글 룸으로 드릴까요, 더블 룸으로 드릴까요?

- A _____ room, or a double room?

전망이 좋은 방으로 주세요.

- I need a room commanding a good _____ .

다른 호텔을 알아봐 주시겠어요?

- Would you refer me to _____ hotel?

Mini Talk

A: **Do you have a reservation?**

두 유 해버 레저베이션

예약은 하셨습니까?

B: **No, I don't, but do you have a room for tonight?**

노, 아이 돈ㅌ, 벗 두 유 해버 룸 풔 투나잇

안 했는데, 오늘 밤 방이 있나요?

이 가방을 한국에 보내려고 하는데요.

I'd like to send this bag to Korea.

아이드 라익 투 샌 디스 백 투 코리아

시내지도 한 장 주시겠어요?

Can I have a city map?

캐나이 해버 시티 맵

이 호텔 주소가 적힌 카드를 주시겠어요?

Can I have a card with the hotel's address?

캐나이 해버 카드 윗 더 호텔스 어드레스

여기서 관광버스 표를 살 수 있나요?

Can I get a ticket for the sightseeing bus here?

캐나이 게러 티킷 풔 더 싸잇씽 버스 히얼

와이파이 비밀번호가 뭐예요?

What's the password for wi-fi?

왓츠 더 패스워드 풔 와이파이

이메일을 체크하고 싶은데요.

I want to check my e-mail.

아이 원투 첵 마이 이메일

다음 문장을 영어로 말할 수 있는지 쓰면서 체크해 보세요.

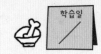

이 가방을 한국에 보내려고 하는데요.

- **I'd like to [   ] this bag to Korea.**

시내지도 한 장 주시겠어요?

- **Can I have a [   ] map?**

이 호텔 주소가 적힌 카드를 주시겠어요?

- **Can I have a [   ] with the hotel's address?**

여기서 관광버스 표를 살 수 있나요?

- **Can I get a [   ] for the sightseeing bus here?**

와이파이 비밀번호가 뭐예요?

- **What's the [   ] for wi-fi?**

이메일을 체크하고 싶은데요.

- **I want to [   ] my e-mail.**

 Mini Talk

A: **Can you change my room?**
캐나이 체인쥐 마이 룸
방을 바꿔주시겠어요?

B: **What's the problem?**
왓츠 더 프라블럼
무슨 문제라도 있으십니까?

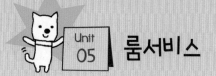

룸서비스 좀 부탁할게요.

Room service, please.

룸 서비스, 플리즈

룸서비스입니다. 무엇을 도와드릴까요?

Room service. Can I help you?

룸 서비스. 캐나이 핼퓨

지금 아침식사를 주문할 수 있나요?

Can I order breakfast now?

캐나이 오더 브랙퍼슷 나우

방 청소를 부탁할게요.

Please make up this room, please.

플리즈 메이컵 디스 룸, 플리즈

모닝콜을 어떻게 하나요?

How can I get a wake-up call?

하우 캐나이 게러 웨이컵 콜

룸서비스가 아직 안 왔는데요.

Room service hasn't come yet.

룸서비스 해즌ㅌ 컴 옛

룸서비스 좀 부탁할게요.
- Room [   ], please.

룸서비스입니다. 무엇을 도와드릴까요?
- Room service. Can I [   ] [   ]?

지금 아침식사를 주문할 수 있나요?
- Can I order [   ] now?

방 청소를 부탁할게요.
- Please [   ] [   ] this room, please.

모닝콜을 어떻게 하나요?
- How can I get a wake-up [   ]?

룸서비스가 아직 안 왔는데요.
- Room [   ] hasn't come yet.

Mini Talk

A: **Would you bring me boiling water?**
우쥬 브링 미 보일링 워러
뜨거운 물 좀 갖다 주시겠어요?

B: **Your name and room number, please.**
유얼 네임 앤 룸 넘버, 플리즈
이름과 방 번호를 말씀해 주십시오.

식당은 어디에 있나요?

Where is the dining room?

웨어리즈 더 다이닝 룸

아침식사는 몇 시에 하죠?

What time can I have breakfast?

왓 타임 캐나이 햅 브랙퍼슷

커피숍은 어디에 있나요?

Where's the coffee shop?

웨어즈 더 커피 샵

세탁 좀 부탁할게요.

Laundry service, please.

런드리 서비스, 플리즈

호텔 안에 이발소가 있나요?

Is there a beauty barbershop in this hotel?

이즈 데어러 뷰티 바버샵 인 디스 호텔

계산은 제 방으로 해 주세요.

Will you charge it to my room?

윌 유 차지 잇 투 마이 룸

식당은 어디에 있나요?

- **Where is the [ ] room?**

아침식사는 몇 시에 하죠?

- **What time can I have [ ]?**

커피숍은 어디에 있나요?

- **Where's the [ ] [ ]?**

세탁 좀 부탁할게요.

- **[ ] service, please.**

호텔 안에 이발소가 있나요?

- **Is there a beauty [ ] in this hotel?**

계산은 제 방으로 해 주세요.

- **Will you [ ] it to my room?**

Mini Talk

A: **What kind of facilities are there in the hotel?**

왓 카인돕 퍼시러티즈 알 데얼 인 더 호텔

호텔에는 어떤 시설이 있나요?

B: **Everything you could possibly want.**

애브리씽 유 쿠드 파써블리 원트

거의 모두 다 있습니다.

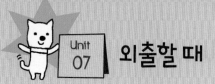

열쇠 좀 맡아 주시겠어요?

Will you keep my room key?

윌 유 킵 마이 룸 키

귀중품을 보관하고 싶은데요.

I want you to take my valuables.

아이 원츄 투 테익 마이 밸류어블즈

저한테 메시지는 없나요?

Do you have any messages for me?

두 유 해버니 메시쥐스 풔 미

저에게 온 전화는 있었나요?

Has anybody called me?

해즈 애니바디 콜드 미

맡긴 짐을 주시겠어요?

May I have my baggage back?

메아이 햅 마이 배기쥐 백

열쇠를 주시겠어요?

Can I have my key?

캐나이 햅 마이 키

다음 문장을 영어로 말할 수 있는지 쓰면서 체크해 보세요.

열쇠 좀 맡아 주시겠어요?

- **Will you keep my room ⬚ ?**

귀중품을 보관하고 싶은데요.

- **I want you to take my ⬚ .**

저한테 메시지는 없나요?

- **Do you have any ⬚ for me?**

저에게 온 전화는 있었나요?

- **Has anybody ⬚ me?**

맡긴 짐을 주시겠어요?

- **May I have my baggage ⬚ ?**

열쇠를 주시겠어요?

- **Can I have my ⬚ ?**

A: **Will you keep my room key?**
월 유 킵 마이 룸 키
열쇠 좀 보관해 주시겠어요?

B: **We can do that for you.**
위 캔 두 댓 풔 유
알겠습니다.

뜨거운 물이 안 나오는데요.

There's no hot water.

데어즈 노 핫 워러

화장실 변기가 막혔어요.

The toilet doesn't flush.

더 토일릿 더즌ㅌ 플러쉬

옆방이 너무 시끄러워요.

The next room's very noisy.

더 넥슷 룸즈 베리 노이지

방이 아직 청소가 안 되어 있는데요.

My room hasn't been cleaned yet.

마이 룸 해즌ㅌ 빈 클린드 옛

방에 타월이 부족해요.

I don't have enough towels in my room.

아이 돈ㅌ 햅 이넙 타월즈 인 마이 룸

텔레비전이 고장났어요.

The TV is out of order.

더 티비 이즈 아우롭 오더

다음 문장을 영어로 말할 수 있는지 쓰면서 체크해 보세요.

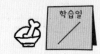

뜨거운 물이 안 나오는데요.

- **There's no [ ] water.**

화장실 변기가 막혔어요.
- **The [ ] doesn't flush.**

옆방이 너무 시끄러워요.
- **The next room's very [ ] .**

방이 아직 청소가 안 되어 있는데요.
- **My room hasn't been [ ] yet.**

방에 타월이 부족해요.
- **I don't have enough [ ] in my room.**

텔레비전이 고장났어요.
- **The [ ] is out of order.**

 Mini Talk

A: **Could you send someone up to my room?**
쿠쥬 샌 썸원 업 투 마이 룸
잠깐 제 방으로 와 주시겠어요?

B: **Sure, what's the problem.**
슈얼, 왓츠 더 프라블럼
네, 무슨 일이십니까?

Unit 09 체크아웃을 준비할 때

>> 녹음을 듣고 소리내어 읽어볼까요? <<< 듣기 >>>

체크아웃 시간은 몇 시죠?

When is Check out time?

웬 이즈 체카웃 타임

몇 시에 떠나실 겁니까?

What time are you leaving?

왓 타임 알 유 리빙

1박을 더 하고 싶은데요.

I'd like to stay one more night.

아이드 라익 투 스테이 원 모어 나잇

하루 일찍 떠나고 싶은데요.

I'd like to leave one day earlier.

아이드 라익 투 리브 원 데이 얼리어

오후까지 방을 쓸 수 있나요?

May I use the room till this afternoon?

메아이 유즈 더 룸 틸 디스 앱터눈

오전 10시에 택시를 불러 주세요.

Please call a taxi for me at 10 a.m.

플리즈 콜 어 택시 풔 미 앳 텐 에이엠

다음 문장을 영어로 말할 수 있는지 쓰면서 체크해 보세요.

체크아웃 시간은 몇 시죠?

- **When is Check out** ⬚ **?**

몇 시에 떠나실 겁니까?

- **What time are you** ⬚ **?**

1박을 더 하고 싶은데요.

- **I'd like to** ⬚ **one more night.**

하루 일찍 떠나고 싶은데요.

- **I'd like to** ⬚ **one day earlier.**

오후까지 방을 쓸 수 있나요?

- **May I** ⬚ **the room till this afternoon?**

오전 10시에 택시를 불러 주세요.

- **Please** ⬚ **a taxi for me at 10 a.m.**

 Mini Talk

A: **What's the check-out time?**

왓츠 더 체카웃 타임

체크아웃 시간은 몇 시죠?

B: **It's noon.**

잇츠 눈

12시입니다.

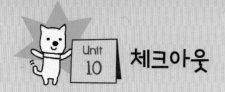

체크아웃 해 주세요.

Check out, please.

체카웃, 플리즈

맡긴 귀중품을 꺼내 주시겠어요?

I'd like my valuables from the safe.

아이드 라익 마이 밸류어블즈 프럼 더 세입

방에 물건을 두고 나왔어요.

I left something in my room.

아이 랩트 썸씽 인 마이 룸

계산서를 주시겠어요?

I'd like to take care of my bill.

아이드 라익 투 테익 케어롭 마이 빌

봉사료가 포함된 가격인가요?

Does the price include the service charge?

더즈 더 프라이스 인클루드 더 서비스 차쥐

영수증을 주시겠어요?

Can I have a receipt?

캐나이 해버 리싯

다음 문장을 영어로 말할 수 있는지 쓰면서 체크해 보세요.

체크아웃 해 주세요.

- **Check out,** _____ .

맡긴 귀중품을 꺼내 주시겠어요?

- **I'd like my valuables from the** _____ .

방에 물건을 두고 나왔어요.

- **I** _____ **something in my room.**

계산서를 주시겠어요?

- **I'd like to take care of my** _____ .

봉사료가 포함된 가격인가요?

- **Does the price** _____ **the service charge?**

영수증을 주시겠어요?

- **Can I have a** _____ **?**

Mini Talk

A: **I'd like to check out now.**

아이드 라익 투 체카웃 나우

지금 체크아웃을 하고 싶은데요.

B: **What's your room number?**

왓츠 유얼 룸 넘버

몇 호실입니까?

PART

03

I hope you'll be happy.

식사

>> 녹음을 듣고 소리내어 읽어볼까요? <<< 듣기 >>>

괜찮은 레스토랑 좀 알려 주시겠어요?

Could you tell me a good restaurant?

쿠쥬 텔 미 어 굿 레스터런

이 근처에 괜찮은 레스토랑이 있어요?

Is there a good restaurant around here?

이즈 데어러 굿 레스터런 어롸운 히얼

레스토랑이 많은 곳은 어디죠?

Where is the main area for restaurants?

웨어리즈 더 메인 에어리어 풔 레스터런츠

한식당은 있나요?

Do you have a Korean restaurant?

두 유 해버 코리언 레스터런

지금 문을 연 레스토랑은 있나요?

Do you know of any restaurants open now?

두 유 노우 옵 애니 레스터런츠 오픈 나우

이곳 로컬푸드를 먹고 싶은데요.

I'd like to have some local food.

아이드 라익 투 햅 썸 로컬 푸드

다음 문장을 영어로 말할 수 있는지 쓰면서 체크해 보세요.

 학습일 /

괜찮은 레스토랑 좀 알려 주시겠어요?

- **Could you tell me a good** _____ **?**

이 근처에 괜찮은 레스토랑이 있어요?

- **Is there a good restaurant** _____ **here?**

레스토랑이 많은 곳은 어디죠?

- **Where is the main** _____ **for restaurants?**

한식당은 있나요?

- **Do you have a** _____ **restaurant?**

지금 문을 연 레스토랑은 있나요?

- **Do you know of any restaurants** _____ **now?**

이곳 로컬푸드를 먹고 싶은데요.

- **I'd like to have some** _____ _____ **.**

Mini Talk

A: **Could you recommend a good restaurant?**

쿠쥬 리커멘더 굿 레스터런

괜찮은 식당 있으면 추천 좀 해주세요.

B: **The one around the corner is excellent.**

디 원 어롸운 더 코너 이즈 엑셀런트

모퉁이에 좋은 가게가 하나 있습니다.

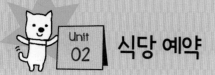

>> 녹음을 듣고 소리내어 읽어볼까요? <<< 듣기 >>>

예약을 해야 하나요?

Do I need a reservation?

두 아이 니더 레저베이션

예약 좀 해주시겠어요?

Could you make a reservation for me?

쿠쥬 메이커 레저베이션 풔 미

일행은 몇 분이십니까?

How large is your party?

하우 라쥐 이즈 유얼 파티

창가 테이블로 주세요.

I'd like a table by the window.

아이드 라이커 테이블 바이 더 윈도우

몇 시까지 영업을 하죠?

How late is it open?

하우 레잇 이짓 오픈

거기는 어떻게 가죠?

How can I get there?

하우 캐나이 겟 데얼

예약을 해야 하나요?

● Do I [   ] a reservation?

예약 좀 해주시겠어요?

● Could you [   ] a reservation for me?

일행은 몇 분이십니까?

● How large is your [   ]?

창가 테이블로 주세요.

● I'd like a table by the [   ].

몇 시까지 영업을 하죠?

● How late is it [   ]?

거기는 어떻게 가죠?

● How can I get [   ]?

Mini Talk

A: **I'd like to reserve a table for three.**
아이드 라익 투 레저버 테이블 풔 쓰리
3인용(테이블)을 예약하고 싶은데요.

B: **May I have your name, please?**
메아이 햅 유얼 네임, 플리즈
성함을 말씀해 주시겠어요?

예약을 했는데요.

I have a reservation.

아이 해버 레저베이션

자리 있어요?

Can we have a table?

캔 위 해버 테이블

몇 분이십니까?

How many of you, sir?

하우 매니 오뷰, 써ㄹ

지금 자리가 다 찼습니다.

No tables are available now.

노 테이블즈 알 어베이러블 나우

어느 정도 기다려야 하죠?

How long do we have to wait?

하우 롱 두 위 햅 투 웨잇

저쪽으로 옮길 수 있을까요?

Could we move over there?

쿳 위 무브 오버 데얼

다음 문장을 영어로 말할 수 있는지 쓰면서 체크해 보세요.

예약을 했는데요.

- I have a ⬚⬚⬚⬚⬚⬚ .

자리 있어요?

- Can we have a ⬚⬚⬚⬚ ?

몇 분이십니까?

- How ⬚⬚⬚ of you, sir?

지금 자리가 다 찼습니다.

- No tables are ⬚⬚⬚⬚⬚ now.

어느 정도 기다려야 하죠?

- How long do we have to ⬚⬚⬚ ?

저쪽으로 옮길 수 있을까요?

- Could we ⬚⬚⬚ over there?

Mini Talk

A: **We need a table for two.**

위 니더 테이블 풔 투

2인용 테이블로 해 주세요.

B: **Please wait to be seated.**

플리즈 웨잇 투 비 씨티드

안내해 드릴 때까지 기다려 주십시오.

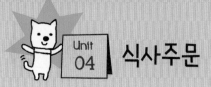

주문할게요.

We are ready to order.

위 알 레디 투 오더

주문하시겠습니까?

Are you ready to order?

알 유 레디 투 오더

이것으로 주세요.

I'll take this one.

이일 테익 디스 원

저도 같은 것으로 주세요.

I'll have the same.

아일 햅 더 쎄임

뭐가 빨리 되죠?

What can you serve quickly?

왓 캔 유 썹 퀵클리

다른 주문은 없으십니까?

Anything else?

애니씽 엘스

다음 문장을 영어로 말할 수 있는지 쓰면서 체크해 보세요.

주문할게요.

- We are ready to [　　　] .

주문하시겠습니까?

- Are you [　　　] to order?

이것으로 주세요.

- I'll [　　　] this one.

저도 같은 것으로 주세요.

- I'll have the [　　　] .

뭐가 빨리 되죠?

- What can you [　　　] quickly?

다른 주문은 없으십니까?

- Anything [　　　] ?

 Mini Talk

A: **Can I see the menu, please?**
캐나이 씨 더 메뉴, 플리즈
메뉴 좀 볼 수 있을까요?

B: **Here's our menu, sir.**
히어즈 아워 메뉴, 써르
메뉴 여기 있습니다, 손님.

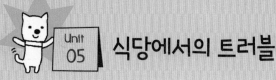

요리가 아직 안 나오는데요.

We're still waiting for our food.

위아 스틸 웨이팅 풔 아워 풋

이건 주문을 안 했는데요.

I didn't order this.

아이 디든ㅌ 오더 디스

주문을 바꿔도 될까요?

Can I change my order?

캐나이 체인쥐 마이 오더

주문을 취소하고 싶은데요.

I want to cancel my order.

아 원투 캔슬 마이 오더

음식에 이상한 것이 들어 있어요.

There is something strange in my food.

데어리즈 썸씽 스트레인쥐 인 마이 풋

이 음식이 상한 것 같은데요.

I'm afraid this food is stale.

아임 어프레이드 디스 풋 이즈 스테일

다음 문장을 영어로 말할 수 있는지 쓰면서 체크해 보세요.

요리가 아직 안 나오는데요.

● We're still waiting for our _____.

이건 주문을 안 했는데요.

● I didn't _____ this.

주문을 바꿔도 될까요?

● Can I _____ my order?

주문을 취소하고 싶은데요.

● I want to _____ my order.

음식에 이상한 것이 들어 있어요.

● There is something _____ in my food.

이 음식이 상한 것 같은데요.

● I'm afraid this food is _____.

A: **This soup tastes funny.**
디스 숩 테이슷츠 퍼니
수프 맛이 이상한데요.

B: **Would you like another one?**
우쥬 라익 어나더 원
다른 것으로 드릴까요?

먹는 법을 알려 주시겠어요?

Could you tell me how to eat this?

쿠쥬 텔 미 하우 투 잇 디스

테이블 좀 치워 주실래요?

Could you please clear the table?

쿠쥬 플리즈 클리어 더 테이블

물 좀 더 주시겠어요?

May I have more water?

메아이 햅 모어 워러

빵 좀 더 주세요.

I'd like some more bread, please.

아이드 라익 썸 모어 브레드, 플리즈

소금 좀 건네주세요.

Pass me the salt, please.

패쓰 미 더 솔트, 플리즈

이 음식을 싸 주시겠어요?

Would you wrap this for me?

우쥬 랩 디스 풔 미

다음 문장을 영어로 말할 수 있는지 쓰면서 체크해 보세요.

먹는 법을 알려 주시겠어요?

- **Could you tell me** ⬚ **to eat this?**

테이블 좀 치워 주실래요?

- **Could you please** ⬚ **the table?**

물 좀 더 주시겠어요?

- **May I have more** ⬚ **?**

빵 좀 더 주세요.

- **I'd like some more** ⬚ **, please.**

소금 좀 건네주세요.

- **Pass me the** ⬚ **, please.**

이 음식을 싸 주시겠어요?

- **Would you** ⬚ **this for me?**

 Mini Talk

A: **Excuse me, Waiter?**
익스큐즈 미, 웨이러
저기요?

B: **Yes. Can I help you?**
에스, 캐나이 핼퓨
예, 뭘 도와드릴까요?

맛이 어때요?

How does it taste?

하우 더짓 테이슷

정말 맛있어요!

It's very delicious!

잇츠 베리 딜리셔스

생각보다 맛있군요.

It's better than I expected.

잇츠 베러 댄 아이 익스펙티드

이건 제 입맛에 안 맞아요.

This food doesn't suit my taste.

디스 풋 더즌ㅌ 슈잇 마이 테이슷

먹음직스러워 보이네요.

That sounds appetizing.

댓 사운드즈 애피타이징

맛있는 냄새가 나는데요.

That smells delicious.

댓 스멜즈 딜리셔스

다음 문장을 영어로 말할 수 있는지 쓰면서 체크해 보세요.

 학습일

맛이 어때요?
- How does it [   ] ?

정말 맛있어요!
- It's very [   ] !

생각보다 맛있군요.
- It's better than I [   ] .

이건 제 입맛에 안 맞아요.
- This food doesn't suit my [   ] .

먹음직스러워 보이네요.
- That [   ] appetizing.

맛있는 냄새가 나는데요.
- That [   ] delicious.

Mini Talk

A: **How does it taste?**
하우 더짓 테이슷
맛이 어떻습니까?

B: **It's very good.**
잇츠 베리 굿
아주 맛있는데요.

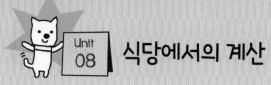

계산서 좀 갖다 주시겠어요?

May I have the check, please?

매아이 햅 더 첵, 플리즈

어디서 계산하나요?

Where shall I pay the bill?

웨어 쉘 아이 페이 더 빌

봉사료는 포함되어 있나요?

Is it including the service charge?

이짓 인클루딩 더 써비스 차쥐

제가 낼게요.

I want to treat you.

아이 원투 트릿츄

각자 내기로 하죠.

Let's go Dutch.

렛츠 고 더취

이건 당신께 드리는 팁입니다.

This is a tip for you.

디시저 팁 풔 유

다음 문장을 영어로 말할 수 있는지 쓰면서 체크해 보세요.

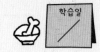

계산서 좀 갖다 주시겠어요?

- **May I have the** ☐ **, please?**

어디서 계산하나요?

- **Where shall I** ☐ **the bill?**

봉사료는 포함되어 있나요?

- **Is it** ☐ **the service charge?**

제가 낼게요.

- **I want to** ☐ **you.**

각자 내기로 하죠.

- **Let's go** ☐ **.**

이건 당신께 드리는 팁입니다.

- **This is a** ☐ **for you.**

Mini Talk

A: **Did you enjoy your lunch?**

디쥬 인조이 유얼 런치

점심 식사 맛있게 드셨어요?

B: **I enjoyed it very much.**

아이 인조이드 잇 베리 머치

아주 맛있게 먹었습니다.

커피 한 잔 어때요?

How about a cup of coffee?

하우 어바우러 커펍 커피

커피 한 잔 주세요.

A cup of coffee, please.

어 커펍 커피, 플리즈

술 한 잔 어때요?

How about a drink?

하우 어바우러 드링

맥주 한 잔 드실래요?

Would you like a beer?

우쥬 라이커 비얼

건배!

Cheers!

치얼즈

나는 그렇게 술을 많이 마시는 사람은 아니에요.

I'm not such a big drinker.

아임 낫 서처 빅 드링커

다음 문장을 영어로 말할 수 있는지 쓰면서 체크해 보세요.

커피 한 잔 어때요?

- **How about a cup of** ⬚ **?**

커피 한 잔 주세요.

- **A cup of coffee,** ⬚ **.**

술 한 잔 어때요?

- **How about a** ⬚ **?**

맥주 한 잔 드실래요?

- **Would you like a** ⬚ **?**

건배!

- ⬚ **!**

나는 그렇게 술을 많이 마시는 사람은 아니에요.

- **I'm not such a big** ⬚ **.**

 Mini Talk

A: **This coffee was delicious.**
디스 커피 워즈 딜리셔스
이 커피 맛있네요.

B: **How about seconds?**
하우 어바웃 세컨즈
한 잔 더 할래요?

햄버거 두 개 주세요.

Can I have two hamburgers?

캐나이 햅 투 햄버걸스

프렌치 프라이 큰 거 하나 주세요.

One large french fries, please.

원 라쥐 프랜취 프라이스, 플리즈

핫도그하고 콜라 작은 걸로 주세요.

A hot dog and a small coke, please.

어 핫 독 애너 스몰 콕, 플리즈

케첩을 발라드릴까요, 마요네즈를 발라드릴까요?

With ketchup or mayonnaise?

위드 케첩 오어 메이어네이즈

(요리를 가리키며) 이걸 샌드위치에 넣어 주세요.

Put this in the sandwich, please.

풋 디스 인 더 샌드위치, 플리즈

치즈피자 세 조각 주세요.

Three slices of cheese pizza, please.

쓰리 슬라이시즙 치즈 피자, 플리즈

햄버거 두 개 주세요.
- **Can I have two [   ] ?**

프렌치 프라이 큰 거 하나 주세요.
- **One [   ] french fries, please.**

핫도그하고 콜라 작은 걸로 주세요.
- **A hot dog and a small [   ], please.**

케첩을 발라드릴까요, 마요네즈를 발라드릴까요?
- **With [   ] or mayonnaise?**

(요리를 가리키며) 이걸 샌드위치에 넣어 주세요.
- **[   ] this in the sandwich, please.**

치즈피자 세 조각 주세요.
- **Three [   ] of cheese pizza, please.**

Mini Talk

A: **For here or to go?**
퓌 히얼 오어 투 고
여기서 드실 겁니까, 가지고 가실 겁니까?

B: **To go, please.**
투 고, 플리즈
가지고 갈 겁니다.

PART

04

I hope you'll be happy.

교통

Unit 01 길을 묻거나 알려줄 때

>> 녹음을 듣고 소리내어 읽어볼까요? <<< 듣기 >>>

실례합니다.

Excuse me.

익스큐즈 미

여기가 어디예요?

Where am I?

웨어래마이

가장 가까운 지하철역이 어디 있어요?

Where is the nearest subway station?

웨어리즈 더 니어리슷 썹웨이 스테이션

약도를 좀 그려주시겠어요?

Could you draw me a map?

쿠쥬 드로우 미 어 맵

저도 여기는 처음이에요

I'm a stranger here myself.

아이머 스트래인저 히얼 마이셀프

버스를 타세요.

Take the bus.

테익 더 버스

다음 문장을 영어로 말할 수 있는지 쓰면서 체크해 보세요.

실례합니다.

- Excuse _____ .

여기가 어디예요?

- _____ am I?

가장 가까운 지하철역이 어디 있어요?

- Where is the _____ subway station?

약도를 좀 그려주시겠어요?

- Could you _____ me a map?

저도 여기는 처음이에요

- I'm a _____ here myself.

버스를 타세요.

- _____ the bus.

Mini Talk

A: **Could you tell me the way to the subway station?**

쿠쥬 텔 미 더 웨이 투 더 썹웨이 스테이션

지하철역으로 가는 길을 가르쳐 주시겠어요?

B: **Go along this street.**

고 어롱 디스 스트릿

이 길을 따라 가세요.

>> 녹음을 듣고 소리내어 읽어볼까요? <<< 듣기 >>>

택시를 불러 주시겠어요?

Could you call me a taxi?

쿠쥬 콜 미 어 택시

공항으로 가주세요.

Please take me to the airport.

플리즈 테익 미 투 디 에어폿

얼마나 걸리죠?

How long does it take?

하우 롱 더짓 테익

다음 모퉁이에서 왼쪽으로 도세요.

Turn left at the next corner.

턴 랩트 앳 더 넥슷 코너

여기서 세워주세요.

Stop here, please.

스탑 히얼, 플리즈

요금이 얼마죠?

What's the fare?

왓츠 더 페어

다음 문장을 영어로 말할 수 있는지 쓰면서 체크해 보세요.

택시를 불러 주시겠어요?

- **Could you call me a [ ] ?**

공항으로 가주세요.

- **Please take me to the [ ] .**

얼마나 걸리죠?

- **How long does it [ ] ?**

다음 모퉁이에서 왼쪽으로 도세요.

- **[ ] left at the next corner.**

여기서 세워주세요.

- **[ ] here, please.**

요금이 얼마죠?

- **What's the [ ] ?**

 Mini Talk

A: **Where to, sir?**
웨얼 투, 써ㄹ
어디로 모실까요?

B: **To Seoul station, please.**
투 서울 스테이션, 플리즈
서울역으로 가주세요.

이 버스 공항에 갑니까?

Does this bus go to the airport?

더즈 디스 버스 고 투 디 에어풋

다음 정거장은 어디예요?

What's the next stop?

왓츠 더 넥슷 스탑

버스를 잘못 탔어요.

I took the wrong bus.

아이 툭 더 렁 버스

내릴 곳을 놓쳤어요.

I missed my stop.

아이 미스트 마이 스탑

뉴욕행 버스는 얼마나 자주 운행되나요?

How often do the buses run to New York?

하우 오픈 두 더 버시즈 런 투 뉴욕

이 버스는 타임스퀘어에서 섭니까?

Does this bus stop at Time Square?

더즈 디스 버스 스탑 앳 타임 스퀘어

다음 문장을 영어로 말할 수 있는지 쓰면서 체크해 보세요.

이 버스 공항에 갑니까?

- **Does this [   ] go to the airport?**

다음 정거장은 어디예요?

- **What's the next [   ] ?**

버스를 잘못 탔어요.

- **I took the [   ] bus.**

내릴 곳을 놓쳤어요.

- **I [   ] my stop.**

뉴욕행 버스는 얼마나 자주 운행되나요?

- **How often do the buses [   ] to New York?**

이 버스는 타임스퀘어에서 섭니까?

- **Does this bus [   ] at Time Square?**

 Mini Talk

A: **Where's the bus stop?**

웨어즈 더 버스 스탑

버스 정류장이 어디죠?

B: **It's just across the street.**

잇츠 저슷 어크로스 더 스트릿

바로 길 건너편이에요.

지하철 노선도를 얻을 수 있을까요?

Can I have a subway map?

캐나이 해버 썹웨이 맵

이 근처에 지하철역이 있습니까?

Is the subway station near here?

이즈 더 썹웨이 스테이션 니어 히얼

표는 어디서 살 수 있습니까?

Where can I buy a ticket?

웨얼 캐나이 바이 어 티킷

어느 선이 센트럴 파크로 갑니까?

Which line goes to Central Park?

위치 라인 고우즈 투 센츄럴 팍

맨하탄에 가려면 어디서 갈아탑니까?

Where do I have to change for Manhattan?

웨얼 두 아이 햅 투 체인쥐 풔 맨해튼

공항까지 정거장이 몇 개 있어요?

How many stops is it to the Airport?

하우 매니 스탑스 이짓 투 디 에어폿

다음 문장을 영어로 말할 수 있는지 쓰면서 체크해 보세요.

지하철 노선도를 얻을 수 있을까요?
- **Can I have a** ⬚ **map?**

이 근처에 지하철역이 있습니까?
- **Is the subway station** ⬚ **here?**

표는 어디서 살 수 있습니까?
- **Where can I buy a** ⬚ **?**

어느 선이 센트럴 파크로 갑니까?
- **Which** ⬚ **goes to Central Park?**

맨하탄에 가려면 어디서 갈아탑니까?
- **Where do I have to** ⬚ **for Manhattan?**

공항까지 정거장이 몇 개 있어요?
- **How many** ⬚ **is it to the Airport?**

 Mini Talk

A: **Can I have a subway map?**
캐나이 해버 썹웨이 맵
지하철 노선도를 얻을 수 있을까요?

B: **Yes, it's over there.**
에스, 잇츠 오버 데얼
네, 저기 있습니다.

열차를 탈 때

>> 녹음을 듣고 소리내어 읽어볼까요? <<< 듣기 >>>

매표소가 어디 있어요?

Where is the ticket office?

웨어리즈 더 티킷 어피스

이 열차가 시카고 행 열차예요?

Is this going to Chicago?

이즈 디스 고잉 투 시카고

열차가 얼마나 자주 옵니까?

How often does the train come?

하우 오픈 더즈 더 트레인 컴

이 열차 그 역에서 정차합니까?

Does this train stop at the station?

더즈 디스 트레인 스탑 앳 더 스테이션

별도의 요금을 내야 합니까?

Do I have to pay an extra charge?

두 아이 햅 투 페이 언 엑스트라 차쥐

식당칸은 있습니까?

Does the train have a dining car?

더즈 더 트레인 해버 다이닝 카르

다음 문장을 영어로 말할 수 있는지 쓰면서 체크해 보세요.

매표소가 어디 있어요?

- **Where is the** office**?**

이 열차가 시카고 행 열차예요?

- **Is this** **to Chicago?**

열차가 얼마나 자주 옵니까?

- **How often does the** **come?**

이 열차 그 역에서 정차합니까?

- **Does this train stop at the** **?**

별도의 요금을 내야 합니까?

- **Do I have to pay an extra** **?**

식당칸은 있습니까?

- **Does the train have a** **car?**

 Mini Talk

A: **Which platform is for Busan?**

위치 플랫폼 이즈 풔 부산

부산으로 가려면 어느 플랫폼으로 가야 해요?

B: **Platform 2.**

플랫폼 투

2번 플랫폼요.

탑승 수속은 언제 하죠?

When should I check in?

웬 슈다이 체킨

창문 옆 좌석을 주세요.

Please give me a window seat.

플리즈 깁 미 어 윈도우 씻

출발 시간이 언제죠?

When does this airplane take off?

웬 더즈 디스 에어플레인 테이콥

비행기를 타러 어디로 가죠?

Where is the gate for this flight?

웨어리즈 더 게잇 풔 디스 플라잇

이건 가지고 들어갈 수 있어요?

Can I carry this with me?

캐나이 캐리 디스 윗 미

제 자리는 어디죠?

Where's my seat, please?

웨어즈 마이 씻, 플리즈

다음 문장을 영어로 말할 수 있는지 쓰면서 체크해 보세요.

탑승 수속은 언제 하죠?

- When should I ⬚ in?

창문 옆 좌석을 주세요.

- Please ⬚ me a window seat.

출발 시간이 언제죠?

- When does this airplane ⬚ ⬚ ?

비행기를 타러 어디로 가죠?

- Where is the gate for this ⬚ ?

이건 가지고 들어갈 수 있어요?

- Can I ⬚ this with me?

제 자리는 어디죠?

- Where's my ⬚ , please?

Mini Talk

A: **Can I see your ticket, please?**
캐나이 유얼 티킷, 플리즈
탑승권을 보여 주시겠어요?

B: **Yes, here it is.**
예스, 히얼 이리즈
네, 여기 있습니다.

Unit 07 렌터카

>> 녹음을 듣고 소리내어 읽어볼까요? <<< 듣기 >>>

어디서 차를 빌리죠?

Where can I rent a car?

웨어 캐나이 렌터 카ㄹ

렌터카 영업소는 어디에 있죠?

Where's the rent-a-car firm?

웨얼즈 더 렌-터-카ㄹ 펌

차를 빌리고 싶은데요.

I'd like to rent a car.

아이드 라익 투 렌터 카ㄹ

요금표를 보여 주시겠어요?

May I see the rate list?

메아이 씨 더 레잇 리슷

3일간 차를 빌리고 싶은데요.

I want to rent a car for three days.

아 원투 렌터 카ㄹ 풔 쓰리 데이즈

소형차는 있어요?

Do you have economy cars?

두 유 햅 이커너미 카ㄹ즈

다음 문장을 영어로 말할 수 있는지 쓰면서 체크해 보세요.

어디서 차를 빌리죠?

- Where can I ☐ a car?

렌터카 영업소는 어디에 있죠?

- Where's the rent-a-car ☐ ?

차를 빌리고 싶은데요.

- I'd ☐ to rent a car.

요금표를 보여 주시겠어요?

- May I see the ☐ list?

3일간 차를 빌리고 싶은데요.

- I ☐ to rent a car for three days.

소형차는 있어요?

- Do you have ☐ cars?

 Mini Talk

A: **What kind of car do you want?**
왓 카인돕 카ㄹ 두 유 원ㅌ
어떤 차를 원하세요?

B: **An automatic sedan, please.**
언 오토매틱 세단, 플리즈
오토 세단을 주세요.

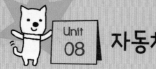

자동차를 운전할 때

>> 녹음을 듣고 소리내어 읽어볼까요? <<< 듣기 >>>

주유소를 찾고 있는데요.

I'm looking for a gas station.

아임 룩킹 풔러 개스 스테이션

여기에 주차해도 될까요?

Can I park here?

캐나이 팍 히얼

차가 시동이 안 걸려요.

This car doesn't work.

디스 카ㄹ 더즌ㅌ 웍

가득 넣어주세요.

Fill it up, please.

필 이럽, 플리즈

타이어가 펑크 났어요.

I had a flat tyre.

아이 해더 플랫 타이어

다음 휴게소까지 얼마나 멀어요?

How far is it to the next services?

하우 파 이짓 투 더 넥숫 서비시스

다음 문장을 영어로 말할 수 있는지 쓰면서 체크해 보세요.

주유소를 찾고 있는데요.

- I'm looking for a gas [   ].

여기에 주차해도 될까요?

- Can I [   ] here?

차가 시동이 안 걸려요.

- This car doesn't [   ].

가득 넣어주세요.

- [   ] it up, please.

타이어가 펑크 났어요.

- I had a flat [   ].

다음 휴게소까지 얼마나 멀어요?

- How [   ] is it to the next services?

A: **Why did you stop me?**
와이 디쥬 스탑 미
왜 저를 세우셨습니까?

B: **You exceeded the speed limit.**
유 엑시딧 더 스핏 리밋
선생님께서는 제한속도를 위반하셨습니다.

오늘 아침에 교통사고를 당했어요.

I had a traffic accident this morning.

아이 해더 트래픽 액씨던트 디스 모닝

제 탓이 아니에요.

It wasn't my fault.

잇 워즌ㅌ 마이 펄트

그의 차가 내 차 옆면을 들이받았어요.

His car hit the side of my car.

히즈 카ㄹ 힛 더 사이돕 마이 카ㄹ

내 차가 조금 찌그러졌어요.

My car has some dents.

마이 카ㄹ 해즈 썸 덴츠

보험 처리가 될까요?

Will the insurance cover it?

윌 디 인슈어런스 커버릿

구급차를 불러 주세요.

Please call an ambulance!

플리즈 콜 언 앰뷸런스

다음 문장을 영어로 말할 수 있는지 쓰면서 체크해 보세요.

오늘 아침에 교통사고를 당했어요.

- I had a traffic [   ] this morning.

제 탓이 아니에요.

- It wasn't my [   ].

그의 차가 내 차 옆면을 들이받았어요.

- His car [   ] the side of my car.

내 차가 조금 찌그러졌어요.

- My car has some [   ].

보험 처리가 될까요?

- Will the [   ] cover it?

구급차를 불러 주세요.

- Please call an [   ]!

 Mini Talk

A: **There was a car accident.**
데얼 워저 카ㄹ 액시던트
교통사고가 있었어요.

B: **When did it happen?**
웬 디딧 해픈
언제 사고가 일어났습니까?

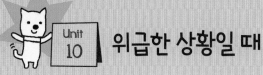

Unit 10 위급한 상황일 때

>> 녹음을 듣고 소리내어 읽어볼까요? <<< 듣기 >>>

무엇을 원하세요?

What do you want?

왓 두 유 원트

그만 두세요!

Stop it!

스타핏

잠깐! 뭘 하는 겁니까?

Hey! What are you doing?

헤이! 워라유 두잉

가까이 오지 마세요.!

Stay away from me!

스테이 어웨이 프럼 미

도와주세요!

Help me!

핼프 미

경찰 아저씨!

Police!

폴리스

무엇을 원하세요?

● **What do you** [   ] **?**

그만 두세요!

● [   ] **it!**

잠깐! 뭘 하는 겁니까?

● **Hey! What are you** [   ] **?**

가까이 오지 마세요.!

● [   ] **away from me!**

도와주세요!

● [   ] **me!**

경찰 아저씨!

● [   ] **!**

Mini Talk

A: **911 emergency Services.**
나인 원 원 이머전시 써비시즈
911 긴급구조대입니다.

B: **Help me, I'm in the pit!**
핼프 미, 아임 인 더 핏
도와주세요, 구덩이에 빠졌어요!

PART

05

I hope you'll be happy.

관광

시내 투어는 있습니까?

Is there a city tour?

이즈 데어러 씨리 투어

무료 시내지도는 있나요?

Do you have a free city map?

두 유 해버 프리 씨리 맵

민박 목록은 있어요?

Do you have a list of B&Bs?

두 유 해버 리스톱 비앤비즈

꼭 구경해야 할 곳을 몇 군데 가르쳐 주세요.

Please tell me some of the places I should visit.

플리즈 텔 미 썸 옵 더 플레이스 아이 슛 비짓

도시를 둘러보는 가장 좋은 방법은 뭐예요?

What's the best way of seeing around the city?

왓츠 더 베슷 웨이 옵 씨잉 어라운 더 씨리

관광객을 위한 안내책자는 있나요?

Do you have a tourist guide brochure?

두 유 해버 투어리숫 가이드 브로슈어

다음 문장을 영어로 말할 수 있는지 쓰면서 체크해 보세요.

시내 투어는 있습니까?

- **Is there a city [   ] ?**

무료 시내지도는 있나요?

- **Do you have a [   ] city map?**

민박 목록은 있어요?

- **Do you have a [   ] of B&Bs?**

꼭 구경해야 할 곳을 몇 군데 가르쳐 주세요.

- **Please tell me some of the places I should [   ] .**

도시를 둘러보는 가장 좋은 방법은 뭐예요?

- **What's the best way of [   ] around the city?**

관광객을 위한 안내책자는 있나요?

- **Do you have a tourist guide [   ] ?**

Mini Talk

A: **Do you have any brochures on local attractions?**
두 유 햅 애니 브로슈어즈 온 로컬 액트랙션스
지역 명소에 관한 안내책자 같은 거 있어요?

B: **Sure, here it is.**
슈얼, 히얼 이리즈
그럼요, 여기 있습니다.

관광여행을 하고 싶은데요.

I'd like to take a sightseeing tour.

아이드 라익 투 테이커 싸잇씽 투어

관광버스 투어는 있나요?

Is there a sightseeing bus tour?

이즈 데어러 싸잇씽 버스 투어

어떤 종류의 투어가 있어요?

What kind of tours do you have?

왓 카인돕 투어스 두 유 햅

하루 코스는 있나요?

Do you have a full-day tour?

두 유 해버 풀-데이 투어

야간 투어는 있나요?

Do you have a night tour?

두 유 해버 나잇 투어

개인당 비용은 얼마죠?

What's the rate per person?

왓츠 더 레잇 퍼 퍼슨

다음 문장을 영어로 말할 수 있는지 쓰면서 체크해 보세요.

관광여행을 하고 싶은데요.

- I'd like to take a sightseeing [   ].

관광버스 투어는 있나요?

- Is there a sightseeing [   ] tour?

어떤 종류의 투어가 있어요?

- What [   ] of tours do you have?

하루 코스는 있나요?

- Do you have a [   ] - [   ] tour?

야간 투어는 있나요?

- Do you have a [   ] tour?

개인당 비용은 얼마죠?

- What's the rate per [   ]?

 Mini Talk

A: **Where does it start?**
웨얼 더짓 스탓
어디서 출발하죠?

B: **It starts from the hotel.**
잇 스탓츠 프럼 더 호텔
호텔에서 출발합니다.

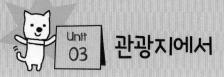

저게 뭐죠?

What is that?

와리즈 댓

저게 뭔지 아세요?

Do you know what that is?

두 유 노우 왓 댓 이즈

저기 있는 저 동상은 뭐죠?

What's that statue over there?

왓츠 댓 스태츄 오버 데얼

이 건물은 왜 유명하죠?

What is this building famous for?

와리즈 디스 빌딩 페이머스 풔

정말 아름다운 경치네요!

What a beautiful sight!

와러 뷰티펄 싸잇

전망이 기가 막히네요!

What a fantastic view!

와러 팬태스틱 뷰

다음 문장을 영어로 말할 수 있는지 쓰면서 체크해 보세요.

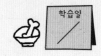

저게 뭐죠?
- **What is** [   ] **?**

저게 뭔지 아세요?
- **Do you know** [   ] **that is?**

저기 있는 저 동상은 뭐죠?
- **What's that** [   ] **over there?**

이 건물은 왜 유명하죠?
- **What is this** [   ] **famous for?**

정말 아름다운 경치네요!
- **What a beautiful** [   ] **!**

전망이 기가 막히네요!
- **What a fantastic** [   ] **!**

 Mini Talk

A: **How long does this tour take?**
하우 롱 더즈 디스 투어 테익
이 코스를 여행하는 데 시간이 얼마나 걸려요?

B: **It'll take about 4 hours.**
잇일 테익 어바웃 풔 아워즈
대략 4시간 정도 걸릴 거예요.

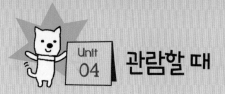

>> 녹음을 듣고 소리내어 읽어볼까요? <<< 듣기 >>>

입장료는 얼마예요?

How much is the admission fee?

하우 머취 이즈 디 어드미션 피

어른 두 장 주세요.

Two adults, please.

투 어덜츠, 플리즈

오후 6시에 폐관합니다.

The closing time is 6 p.m.

더 클로징 타임 이즈 식스 피엠

이 입체 전시물들 대단하지 않아요?

Aren't these dioramas excellent?

안ㅌ 디즈 다이어라머즈 엑셀런트

만지지 마세요.

Don't touch it.

돈ㅌ 터칫

피카소 작품은 어디 있어요?

Where are the works of Picasso?

웨어라 더 웍스 옵 피카소우

다음 문장을 영어로 말할 수 있는지 쓰면서 체크해 보세요.

입장료는 얼마예요?

- **How much is the admission** ⬚ **?**

어른 두 장 주세요.

- **Two** ⬚ **, please.**

오후 6시에 폐관합니다.

- **The** ⬚ **time is 6 p.m.**

이 입체 전시물들 대단하지 않아요?

- **Aren't these** ⬚ **excellent?**

만지지 마세요.

- **Don't** ⬚ **it.**

피카소 작품은 어디 있어요?

- **Where are the** ⬚ **of Picasso?**

 Mini Talk

A: **Excuse me. Where's the museum?**

익스큐즈 미. 웨어즈 더 뮤지엄

실례합니다. 박물관이 어디 있습니까?

B: **Go straight for about a mile.**

고 스트레잇 풔 어바우러 마일

곧장 1마일쯤 가세요.

여기서 사진 찍어도 되나요?

Can I take a picture here?
캐나이 테이커 픽춰 히얼

여기서 플래시를 사용해도 되나요?

May I use a flash here?
메아이 유저 플래쉬 히얼

사진 좀 찍어 주시겠어요?

Could you take a picture of me, please?
쿠쥬 테이커 픽쳐 옵 미, 플리즈

이 버튼만 누르세요.

Just press this button.
저슷 프레스 디스 버튼

같이 사진 찍어도 될까요?

Can I take a picture with you?
캐나이 테이커 픽춰 위듀

셀카 찍자.

Let's take a selfie.
렛츠 테이커 셀피

다음 문장을 영어로 말할 수 있는지 쓰면서 체크해 보세요.

여기서 사진 찍어도 되나요?

- Can I take a [   ] here?

여기서 플래시를 사용해도 되나요?

- May I use a [   ] here?

사진 좀 찍어 주시겠어요?

- Could you [   ] a picture of me, please?

이 버튼만 누르세요.

- Just [   ] this button.

같이 사진 찍어도 될까요?

- Can I take a picture [   ] you?

셀카 찍자.

- Let's take a [   ].

 Mini Talk

A: **Is it OK to take pictures here?**

이즈 잇 오케이 투 테익 픽쳐스 히얼

여기서 사진 찍어도 되나요?

B: **Yes, of course.**

예스, 옵 코스

그럼요, 물론이죠.

Unit 06 카지노에서

>> 녹음을 듣고 소리내어 읽어볼까요? <<< 듣기 >>>

괜찮은 카지노를 소개해 주시겠어요?

Could you recommend a good casino?

쿠쥬 레커멘더 굿 커시노

여기서는 어떤 게임(도박)을 할 수 있어요?

What kind of gambling can we play here?

왓 카인돕 갬벌링 캔 위 플레이 히얼

이 호텔에는 카지노가 있나요?

Is there any casino in this hotel?

이즈 데어레니 커시노 인 디스 호텔

게임(도박)을 하고 싶은데요.

I'd like to play gambling.

아이드 라익 투 플레이 갬벌링

칩을 현금으로 바꿔 주세요.

Cash my chips, please.

캐쉬 마이 칩스, 플리즈

이제 그만할게요.

I'll stop here.

아윌 스탑 히얼

다음 문장을 영어로 말할 수 있는지 쓰면서 체크해 보세요.

괜찮은 카지노를 소개해 주시겠어요?

- **Could you recommend a good** ⬚ **?**

여기서는 어떤 게임(도박)을 할 수 있어요?

- **What kind of** ⬚ **can we play here?**

이 호텔에는 카지노가 있나요?

- **Is there any casino in this** ⬚ **?**

게임(도박)을 하고 싶은데요.

- **I'd like to** ⬚ **gambling.**

칩을 현금으로 바꿔 주세요.

- **Cash my** ⬚ **, please.**

이제 그만할게요.

- **I'll** ⬚ **here.**

 Mini Talk

A: **Where do I buy chips?**
웨얼 두 아이 바이 칩스
칩은 어디서 사죠?

B: **You can get them from me.**
유 캔 겟 뎀 프럼 미
여기서 살 수 있습니다.

>> 녹음을 듣고 소리내어 읽어볼까요? <<< 듣기 >>>

이 근처에 유흥업소가 있나요?

Are there any clubs and bars around here?

알 데어래니 클럽스 앤 바스 어롸운 히얼

괜찮은 나이트클럽 좀 추천해 주시겠어요?

Could you recommend a good night club?

쿠쥬 레커멘더 굿 나잇 클럽

디스코텍에 데리고 가주세요.

Take me to the disco, please.

테익 미 투 더 디스코, 플리즈

그 클럽의 쇼는 어떤 것이죠?

What kind of show do they have?

왓 카인돕 쇼 두 데이 햅

술값은 내나요?

Do you charge for drinks?

두 유 차쥐 풔 드링스

같이 춤을 추시겠어요?

Would you dance with me?

우쥬 댄스 윗 미

다음 문장을 영어로 말할 수 있는지 쓰면서 체크해 보세요.

이 근처에 유흥업소가 있나요?

- Are there any ☐ and ☐ around here?

괜찮은 나이트클럽 좀 추천해 주시겠어요?

- Could you ☐ a good night club?

디스코텍에 데리고 가주세요.

- Take me to the ☐ , please.

그 클럽의 쇼는 어떤 것이죠?

- What kind of ☐ do they have?

술값은 내나요?

- Do you ☐ for drinks?

같이 춤을 추시겠어요?

- Would you ☐ with me?

 Mini Talk

A: **When does the show start?**

웬 더즈 더 쇼우 스탓

쇼는 언제 시작되죠?

B: **Very soon, sir.**

베리 쑨, 써ㄹ

곧 시작됩니다.

>> 녹음을 듣고 소리내어 읽어볼까요? <<< 듣기 >>>

미식축구 경기를 보고 싶은데요.

I want to see an American football game.

아이 원투 씨 언 어메리컨 풋볼 게임

표는 구할 수 있나요?

Can I get a ticket?

캐나이 개러 티킷

좋아하는 스포츠가 뭐예요?

What's your favorite sport?

왓츠 유얼 페이버릿 스포츠

오늘 플레이할 수 있어요?

Can we play today?

캔 위 플레이 투데이

스키 용품은 어디서 빌릴 수 있죠?

Where can I rent ski equipment?

웨얼 캐나이 렌트 스키 이큅먼ㅌ

서핑보드를 빌리고 싶은데요.

I'd like to rent a surfboard.

아이드 라익 투 렌터 서프보드

미식축구 경기를 보고 싶은데요.

- I want to see an American [   ] game.

표는 구할 수 있나요?

- Can I get a [   ]?

좋아하는 스포츠가 뭐예요?

- What's your favorite [   ]?

오늘 플레이할 수 있어요?

- Can we [   ] today?

스키 용품은 어디서 빌릴 수 있죠?

- Where can I rent [   ] equipment?

서핑보드를 빌리고 싶은데요.

- I'd like to rent a [   ].

Mini Talk

A: **Can I make a reservation for golf?**
캐나이 메이커 레저베이션 풔 골프
골프 예약을 해 주시겠어요?

B: **Surely. When do you want to play golf?**
슈얼리. 웬 두 유 원투 플레이 골프
알겠습니다. 언제 하시겠습니까?

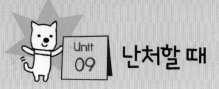

>> 녹음을 듣고 소리내어 읽어볼까요? <<< 듣기 >>>

문제가 생겼어요.
I have a problem.
아이 해버 프라블럼

어렵군요.
That's difficult.
댓츠 디피컬트

어떡하면 좋을지 모르겠어요.
I'm at a loss.
아임 애러 로스

꼼짝 못하게 갇혔어요.
I'm stuck.
아임 스턱

최악이야.
It's terrible.
잇츠 테러블

죽을 지경이에요.
I'm on the ropes.
아임 온 더 롭스

다음 문장을 영어로 말할 수 있는지 쓰면서 체크해 보세요.

문제가 생겼어요.
- **I have a** [ ] **.**

어렵군요.
- **That's** [ ] **.**

어떡하면 좋을지 모르겠어요.
- **I'm at a** [ ] **.**

꼼짝 못하게 갇혔어요.
- **I'm** [ ] **.**

최악이야.
- **It's** [ ] **.**

죽을 지경이에요.
- **I'm on the** [ ] **.**

Mini Talk

A: **What's wrong with you?**
왓츠 렁 위듀
뭐가 잘못 됐어요?

B: **I'm on the ropes.**
아임 온 더 롭스
죽을 지경이에요.

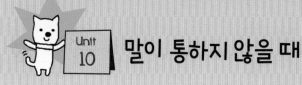

미안하지만 다시 한번요?

Pardon?

파든

다시 한번 말씀해주시겠어요?

Would you repeat that?

우쥬 리핏 댓

좀 더 천천히 말씀해 주시겠어요?

Would you speak more slowly?

우쥬 스픽 모어 슬로리

이 단어의 의미는 무엇입니까?

What does this word mean?

왓 더즈 디스 워드 민

여기 한국어를 하는 사람 있어요?

Does anyone here speak Korean?

더즈 애니원 히얼 스픽 코리언

미안합니다만, 못 들었어요.

I'm sorry, but I couldn't hear you.

아임 쏘리, 벗 아이 쿠든트 히얼 유

다음 문장을 영어로 말할 수 있는지 쓰면서 체크해 보세요.

미안하지만 다시 한번요?

• ⬚⬚⬚ ?

다시 한번 말씀해주시겠어요?

• **Would you** ⬚⬚ **that?**

좀 더 천천히 말씀해 주시겠어요?

• **Would you speak more** ⬚⬚ **?**

이 단어의 의미는 무엇입니까?

• **What does this** ⬚⬚ **mean?**

여기 한국어를 하는 사람 있어요?

• **Does anyone here** ⬚⬚ **Korean?**

미안합니다만, 못 들었어요.

• **I'm sorry, but I couldn't** ⬚⬚ **you.**

Mini Talk

A: **Do you speak English?**
두 유 스픽 잉글리쉬
영어하세요?

B: **I don't speak English well.**
아이 돈ㅌ 스픽 잉글리쉬 웰
영어를 잘하지는 못합니다.

PART

06

I hope you'll be happy.

영어로 읽고
국어로 쓰고
영어로 소리내서
말했다!

쇼핑

쇼핑가는 어디죠?

Where is the shopping area?

웨어리즈 더 샤핑 에어리어

가장 큰 쇼핑센터는 어디에 있어요?

Where is the biggest shopping center?

웨어리즈 더 빅기스트 샤핑 센터

여기서 가장 가까운 슈퍼마켓은 어디죠?

Where is the nearest supermarket from here?

웨어리즈 더 니어리슷 슈퍼마켓 프롬 히얼

집사람에게 줄 선물을 찾고 있는데요.

I'm looking for a gift for my wife.

아임 룩킹 풔러 깁트 풔 마이 와이프

백화점은 어디에 있어요?

Where is the department store?

웨어리즈 더 디파트먼트 스토어

면세점은 어디 있어요?

Where is the duty free shop, please?

웨어리즈 더 듀티 프리 샵, 플리즈

다음 문장을 영어로 말할 수 있는지 쓰면서 체크해 보세요.

쇼핑가는 어디죠?

- **Where is the shopping** ⬚ **?**

가장 큰 쇼핑센터는 어디에 있어요?

- **Where is the** ⬚ **shopping center?**

여기서 가장 가까운 슈퍼마켓은 어디죠?

- **Where is the** ⬚ **supermarket from here?**

집사람에게 줄 선물을 찾고 있는데요.

- **I'm looking for a** ⬚ **for my wife.**

백화점은 어디에 있어요?

- **Where is the** ⬚ **store?**

면세점은 어디 있어요?

- **Where is the** ⬚ ⬚ **shop, please?**

 Mini Talk

A: **Where's a good area for shopping?**

웨어저 굿 에어리어 풔 샤핑

쇼핑하기에 어디가 좋죠?

B: **5th(fifth) Avenue is good.**

핍쓰 에비뉴 이즈 굿

5번가가 좋아요.

>> 녹음을 듣고 소리내어 읽어볼까요? <<< 듣기 >>>

매장 안내소는 어디에 있죠?

Where is the information booth?

웨어리즈 디 인풔메이션 부스

엘리베이터는 어디 있어요?

Where can I find the elevators?

웨얼 캐나이 파인 더 엘리베이럴즈

쇼핑 카트 있는 데가 어디죠?

Where can I get a shopping cart?

웨어 캐나이 게러 샤핑 카르트

그건 몇 층에 있나요?

Which floor is it on?

위치 플로어 이짓 온

화장품 코너는 어디에 있나요?

Where is the cosmetic counter?

웨어리즈 더 카즈메틱 카운터

이건 언제쯤 세일을 하죠?

When is it going to be on sale?

웨니즈 잇 고잉 투 비 온 쎄일

다음 문장을 영어로 말할 수 있는지 쓰면서 체크해 보세요.

매장 안내소는 어디에 있죠?

● **Where is the information 〔   〕 ?**

엘리베이터는 어디 있어요?

● **Where can I find the 〔   〕 ?**

쇼핑 카트 있는 데가 어디죠?

● **Where can I get a 〔   〕 〔   〕 ?**

그건 몇 층에 있나요?

● **Which 〔   〕 is it on?**

화장품 코너는 어디에 있나요?

● **Where is the 〔   〕 counter?**

이건 언제쯤 세일을 하죠?

● **When is it going to be on 〔   〕 ?**

 Mini Talk

A: **Do you have a floor plan?**
두 유 해버 플로어 플랜
매장 안내도 있나요?

B: **Yes, sir. Here you are.**
예스, 써ㄹ . 히어 유 알
네, 여기 있습니다.

Unit 03 물건을 찾을 때

>> 녹음을 듣고 소리내어 읽어볼까요? <<< 듣기 >>>

도와드릴까요?

May I help you?

메아이 핼퓨

신발 매장은 어디 있어요?

Where can I find the shoes?

웨어 캐나이 파인 더 슈즈

화장품 매장은 몇 층이에요?

Which floor is the cosmetics?

위치 플로어 이즈 더 카즈메틱스

그냥 둘러보고 있습니다.

I'm just looking.

아임 저슷 룩킹

제가 찾는 물건이 아닙니다.

That's not what I wanted.

댓츠 낫 워라이 원티드

더 작은 것은 없어요?

Don't you have a smaller one?

돈츄 해버 스몰러 원

다음 문장을 영어로 말할 수 있는지 쓰면서 체크해 보세요.

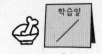

도와드릴까요?

- **May I [   ] you?**

신발 매장은 어디 있어요?

- **Where can I find the [   ] ?**

화장품 매장은 몇 층이에요?

- **Which [   ] is the cosmetics?**

그냥 둘러보고 있습니다.

- **I'm [   ] looking.**

제가 찾는 물건이 아닙니다.

- **That's not what I [   ] .**

더 작은 것은 없어요?

- **Don't you have a [   ] one?**

Mini Talk

A: **Could you gift-wrap it?**

쿠쥬 깁트-래핏

선물용으로 포장해 주시겠어요?

B: **Yes, Ma'am.**

예스, 맴

네, 사모님.

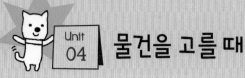
입어 봐도 될까요?
Can I try it on?
캐나이 트라잇 온

이건 좀 작네요.
This is a little tight.
디시저 리틀 타잇

이 옷은 무슨 천이에요?
What material is this dress made of?
왓 메테리얼 이즈 디스 드레스 메이돕

이거 세탁기 돌려도 되나요?
Is this machine-washable?
이즈 디스 머신-워셔블

저 셔츠 좀 보여주시겠어요?
Will you show me that shirt?
윌 유 쇼우 미 댓 셧

이걸로 살게요.
I'll take it.
아일 테이킷

다음 문장을 영어로 말할 수 있는지 쓰면서 체크해 보세요.

입어 봐도 될까요?
- Can I ____ it on?

이건 좀 작네요.
- This is a little ____ .

이 옷은 무슨 천이에요?
- What material is this ____ made of?

이거 세탁기 돌려도 되나요?
- Is this ____ -washable?

저 셔츠 좀 보여주시겠어요?
- Will you ____ me that shirt?

이걸로 살게요.
- I'll ____ it.

 Mini Talk

A: **It looks good on you.**
잇 룩스 굿 온 유
잘 어울리시네요.

B: **It fits perfectly. I'll take it.**
잇 핏츠 퍼펙틀리. 아일 테이킷
몸에도 딱 맞아요. 이걸로 살게요.

너무 비싸요.

It's too expensive.

잇츠 투 익스펜십

가격은 적당하네요.

The price is reasonable.

더 프라이스 이즈 리즈너블

더 싼 것은 없나요?

Anything cheaper?

애니씽 칩퍼

할인해 줄 수 있어요?

Can you give me a discount?

캔 유 깁 미 어 디스카운

깎아주면 살게요.

If you discount I'll buy.

입퓨 디스카운 아일 바이

값은 깎지 마세요, 정찰제입니다.

We do not bargain. Our prices are fixed.

위 두 낫 바긴. 아워 프라이시즈 알 픽스트

다음 문장을 영어로 말할 수 있는지 쓰면서 체크해 보세요.

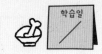

너무 비싸요.

- It's too _____.

가격은 적당하네요.

- The _____ is reasonable.

더 싼 것은 없나요?

- Anything _____?

할인해 줄 수 있어요?

- Can you give me a _____?

깎아주면 살게요.

- If you discount I'll _____.

값은 깎지 마세요, 정찰제입니다.

- We do not _____. Our prices are fixed.

Mini Talk

A: **It's out of my budget.**
잇츠 아우롭 마이 버짓
그건 제 예산 밖인데요.

B: **What's your budget?**
왓츠 유얼 버짓
예산이 어느 정도인데요?

얼마예요?

How much is it?

하우 머치 이짓

전부 얼마예요?

How much are they in all?

하우 머치 알 데이 인 올

세금은 포함되어 있나요?

Does it include tax?

더짓 인클루드 택스

이건 무료예요?

Is this free of charge?

이즈 디스 프리 옵 차쥐

계산서를 주세요.

May I have a receipt?

메아이 해버 리씻

계산이 틀린 것 같은데요.

I think these figures don't add up.

아이 씽 디즈 퓌거스 돈트 애덥

다음 문장을 영어로 말할 수 있는지 쓰면서 체크해 보세요.

얼마예요?

- How ⬚ is it?

전부 얼마예요?

- How much are they in ⬚ ?

세금은 포함되어 있나요?

- Does it include ⬚ ?

이건 무료예요?

- Is this ⬚ of charge?

계산서를 주세요.

- May I have a ⬚ ?

계산이 틀린 것 같은데요.

- I think these ⬚ don't add up.

💬💬 **Mini Talk**

A: **How much are they in all?**
   하우 머치 알 데이 인 올
   전부 얼마죠?

B: **Twenty-three dollars including tax.**
   투웬티-쓰리 달러스 인클루딩 택스
   세금을 포함해서 23달러입니다.

이것 좀 포장해 주세요.

Could you wrap this?

쿠쥬 랩 디스

선물용으로 포장해 주세요.

Wrap it up for a gift.

랩 이럽 풔러 깁트

선물용으로 포장하는 데 추가로 비용이 드나요?

Is there any extra charge for gift-wrapping?

이즈 데어래니 엑스트라 차쥐 풔 깁트-랩핑

이걸 따로따로 포장해 주세요.

Wrap them separately.

랩 댐 새퍼러틀리

배달해 줍니까?

Do you deliver?

두 유 딜리버

그걸 이 주소로 배달해 주세요.

Please deliver them to this address.

플리즈 딜리버 뎀 투 디스 어드레스

다음 문장을 영어로 말할 수 있는지 쓰면서 체크해 보세요.

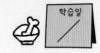

이것 좀 포장해 주세요.
- **Could you** [   ] **this?**

선물용으로 포장해 주세요.
- **Wrap it up for a** [   ] **.**

선물용으로 포장하는 데 추가로 비용이 드나요?
- **Is there any extra** [   ] **for gift-wrapping?**

이걸 따로따로 포장해 주세요.
- **Wrap them** [   ] **.**

배달해 줍니까?
- **Do you** [   ] **?**

그걸 이 주소로 배달해 주세요.
- **Please deliver them to this** [   ] **.**

 Mini Talk

A: **Do you deliver?**
두 유 딜리버
배달 되나요?

B: **No, we don't.**
노, 위 돈ㅌ
아뇨, 안 됩니다.

이걸 교환해 주시겠어요?

Can I exchange this?

캐나이 익스체인쥐 디스

다른 것으로 바꿔 주시겠어요?

Would you exchange it for another?

우쥬 익스체인짓 풔 어나더

여기 영수증 있습니다.

Here's the receipt.

히어즈 더 리씻

전혀 작동하지 않습니다.

It doesn't work at all.

잇 더즌ㅌ 웍 애롤

이걸 환불해 주시겠어요?

May I have a refund on this, please?

메아이 해버 리펀드 온 디스, 플리즈

이 표를 환불 받고 싶은데요.

I'd like to get a refund on this ticket.

아이드 라익 투 게러 리펀드 온 디스 티킷

다음 문장을 영어로 말할 수 있는지 쓰면서 체크해 보세요.

이걸 교환해 주시겠어요?

- Can I [   ] this?

다른 것으로 바꿔 주시겠어요?

- Would you exchange it for [   ]?

여기 영수증 있습니다.

- Here's the [   ].

전혀 작동하지 않습니다.

- It doesn't [   ] at all.

이걸 환불해 주시겠어요?

- May I have a [   ] on this, please?

이 표를 환불 받고 싶은데요.

- I'd like to get a refund on this [   ].

 Mini Talk

A: **Would you exchange this for another?**
우쥬 익스체인지 디스 풔 어나더
이걸 다른 것과 교환해 주시겠습니까?

B: **Yes, of course. Do you have the receipt?**
예스, 옵 코스. 두 유 햅 더 리씻
물론이죠. 영수증 가지고 계십니까?

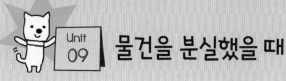

지갑을 잃어버렸어요.

I lost my wallet.

아이 로슷 마이 월릿

여권을 잃어버렸어요.

I have lost my passport.

아이 햅 로슷 마이 패스폿

그걸 어디서 잃어버렸는지 기억이 안 나요.

I don't remember where I left it.

아이 돈ㅌ 리멤버 웨어라이 랩팃

택시에 가방을 두고 내렸어요.

I left my bag in a taxi.

아이 렙트 마이 백 이너 택시

이 근처에서 가방 하나 보셨어요?

Did you see a bag around here?

디쥬 씨 어 백 어라운 히얼

분실물 센터는 어디입니까?

Where is the lost and found?

웨어리즈 더 로슷 앤 퐈운드

다음 문장을 영어로 말할 수 있는지 쓰면서 체크해 보세요.

지갑을 잃어버렸어요.

• **I lost my** _____.

여권을 잃어버렸어요.

• **I have lost my** _____.

그걸 어디서 잃어버렸는지 기억이 안 나요.

• **I don't remember where I** ____ **it.**

택시에 가방을 두고 내렸어요.

• **I left my bag in a** ____.

이 근처에서 가방 하나 보셨어요?

• **Did you** ___ **a bag around here?**

분실물 센터는 어디입니까?

• **Where is the lost and** _____ **?**

 Mini Talk

A: **Where have you lost it?**
웨얼 해뷰 로스팃
어디서 잃어버렸나요?

B: **I can't quite remember.**
아이 캔트 콰잇 리멤버
기억이 가물가물해요.

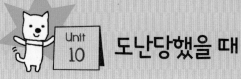

Unit 10 도난당했을 때

>> 녹음을 듣고 소리내어 읽어볼까요? <<< 듣기 >>>

지갑을 잃어버렸어요.

I lost my purse.

아이 로슷 마이 펄스

도난신고를 하고 싶어요.

I'd like to report a theft.

아이드 라익 투 리포터 쎄프트

옷가방을 도난당했어요.

I had my suitcase stolen.

아이 햇 마이 슛케이스 스톨른

지갑을 소매치기 당한 것 같아요.

My wallet was taken by a pickpocket.

마이 월릿 워즈 테이큰 바이 어 픽포킷

소매치기야!

Pickpocket!

픽포킷

경찰을 불러 주세요.

Call the police!

콜 더 폴리스

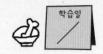
지갑을 잃어버렸어요.

- I lost my _____ .

도난신고를 하고 싶어요.

- I'd like to report a _____ .

옷가방을 도난당했어요.

- I had my suitcase _____ .

지갑을 소매치기 당한 것 같아요.

- My wallet was taken by a _____ .

소매치기야!

- _____ !

경찰을 불러 주세요.

- Call the _____ !

Mini Talk

A: **My purse was stolen!**

마이 펄스 워즈 스톨른

지갑을 도둑 맞았어요!

B: **Oh, report the card missing first.**

오, 리폿 더 카드 미씽 퍼슷

어머나, 카드분실 신고부터 하세요.